AF454878

ORDONNANCE DU ROY,

Sur le Maniement des armes de l'Infanterie françoiſe & étrangère.

Du 7 Mai 1750.

DE PAR LE ROY.

SA MAJESTÉ ayant réſolu d'établir à l'avenir l'uniformité dans toutes les parties qui compoſent le ſervice de ſes troupes d'Infanterie, tant françoiſe qu'étrangère, Elle a jugé à propos de commencer par le Maniement des armes, comme étant le premier point de la diſcipline & de l'inſtruction du Soldat; & après avoir fait exécuter en ſa préſence les différens Exercices qui lui ont été propoſés, Elle a ordonné & ordonne ce qui ſuit :

LORSQU'UN régiment devra prendre les armes pour faire l'exercice, on battra d'abord le premier, à moins que toute l'Infanterie de la garniſon, du quartier ou du camp, ne dût les prendre en même temps; auquel cas tous les Tambours battront la générale.

On battra ensuite l'assemblée, à l'heure qui sera ordonnée: alors les Sergens assembleront leurs compagnies, mettant les Soldats en haie devant leurs quartiers, ou dans les rues du camp, pour en faire l'appel; après quoi ils les formeront sur quatre rangs, désignant ceux qui devront être de piquet; & ils les conduiront, le fusil sur l'épaule, au lieu de l'assemblée générale du bataillon, où les Soldats resteront reposés sur le fusil, jusqu'à l'arrivée des drapeaux.

La compagnie de Grenadiers se placera à la droite du bataillon, si ce n'est lorsqu'il y aura ensemble plusieurs bataillons du même régiment, auquel cas la compagnie de Grenadiers du bataillon de la gauche, fermera la gauche du régiment.

Toutes les fois qu'un régiment devra prendre les armes, il sera commandé un Piquet par bataillon, composé d'un Capitaine, un Lieutenant, & cinquante hommes, compris deux Sergens & un Tambour; lequel piquet prendra la gauche du bataillon, hors le cas ci-dessus expliqué, où la compagnie de Grenadiers ayant pris la gauche du bataillon, le piquet se placera à la droite.

Quand la compagnie de Grenadiers sera séparée du bataillon, on commandera deux piquets, qui se placeront l'un à droite & l'autre à gauche du bataillon.

Les Officiers-majors, le Capitaine de piquet, & tous les Officiers subalternes & Enseignes, seront rendus aussi-tôt qu'on battra l'assemblée, au lieu où elle se devra faire: les Officiers subalternes feront en arrivant, l'inspection de leur compagnie, & seront responsables de la propreté des Soldats, & de ce qui pourroit manquer à leur équipement & armement.

Dès que les compagnies seront arrivées au lieu de l'assemblée du bataillon, l'Officier-major demandera les Soldats commandés de piquet, lesquels se mettront sur un rang derrière leurs compagnies: & quand il leur fera le commandement de marcher,

marcher, ils feront à gauche, & fileront derrière le dernier rang du bataillon, pour se rendre à la gauche du bataillon où les Officiers de piquet les formeront en arrivant, en leur faisant faire à droite.

Le Capitaine se placera à leur tête, le Lieutenant à la queue, les deux Sergens fermeront la gauche du premier & du dernier rangs, & le Tambour se mettra entre le deuxième & le troisième rangs.

Les Enseignes du bataillon ou du régiment, se rassembleront sur un rang à la tête du piquet, derrière le Capitaine; les Tambours, à l'exception de deux qui resteront au bataillon, se formeront sur plusieurs rangs derrière le piquet, ayant la caisse sur l'épaule, le Tambour-major à leur tête; & l'Aide-major se tiendra devant le Capitaine de piquet.

Le Capitaine de piquet se retournant vers son piquet, le chapeau sur la tête, lui fera les commandemens suivans: *Prenez garde à vous; Portez le fusil sur l'épaule; Marche.*

Il marchera ensuite à la tête de son piquet, jusqu'au lieu où seront les drapeaux, le seul Tambour de piquet battant aux champs; il le mettra en bataille vis-à-vis de la porte, & fera les commandemens nécessaires pour mettre la bayonnette au bout du fusil & présenter les armes, ainsi qu'il sera expliqué ci-après: il restera en cette situation à la tête de sa troupe, le Lieutenant passera à sa gauche; & ils feront l'un & l'autre observer le silence.

Quand les Enseignes sortiront de chez le Commandant avec les drapeaux, ils s'aligneront en dehors de la porte, le drapeau présenté, & s'arrêteront un moment vis-à-vis du piquet.

Le Capitaine & le Lieutenant de piquet salueront du chapeau les drapeaux, les Sergens ôteront aussi le leur, & les Tambours battront le drapeau; ce qu'ils continueront de faire jusqu'à ce qu'ils soient arrivés au bataillon, & que le Major leur ait donné l'ordre de cesser.

Les Enseignes iront se placer entre le second & le troisième rangs du piquet; les Tambours devant le piquet; l'Aide-major un peu en avant du Capitaine; le Lieutenant repaſſera derrière le piquet: alors le Capitaine de piquet commandera à ſa troupe de mettre les armes ſur le bras gauche, & de marcher, & amènera les drapeaux en cet ordre, dans le lieu où le régiment ſera aſſemblé.

Dans les régimens de pluſieurs bataillons, les piquets des bataillons iront alternativement chercher les drapeaux du régiment.

Quand les compagnies ſeront ſéparées, celles qui auront les drapeaux dans leurs quartiers, les apporteront avec elles au rendez-vous général des compagnies.

Dans les camps, lorſqu'on battra le drapeau, les Enſeignes ſe mettront derrière leurs drapeaux; & dès que le bataillon ſera formé, ils iront s'y placer, comme il ſera expliqué ci-après.

Avant que l'on batte le drapeau, le Colonel, le Lieutenant-colonel, les Commandans de bataillon, & tous les Capitaines, ſeront tenus d'être rendus au lieu de l'aſſemblée du régiment; & alors les Capitaines verront s'il ne manque rien à leur compagnie, & ſi l'inſpection en aura été bien faite par les ſubalternes.

Veut Sa Majeſté que tous les Officiers d'Infanterie ſoient armés d'eſpontons, & les Sergens de hallebardes; à l'exception des Officiers & Sergens des compagnies de Grenadiers, qui porteront des fuſils.

A l'arrivée des drapeaux, le Colonel ſera quatre pas en avant du centre du premier bataillon; le Lieutenant-colonel un pas en arrière à ſa gauche; les Commandans de bataillon quatre pas en avant de leur bataillon: les Capitaines des compagnies de la droite du bataillon, à la droite de leur compagnie, deux pas en avant; les Lieutenans à la gauche, un pas en avant; les premiers Sergens, à la droite du premier rang de leur compagnie, & les ſeconds à la gauche du dernier rang.

Cet ordre ſera renverſé dans les compagnies de la gauche du bataillon.

A l'égard

A l'égard de la compagnie de Grenadiers, le Capitaine ſera à ſa tête, deux pas en avant, le Lieutenant à la queue; le Sous-lieutenant un pas derrière le Capitaine, un peu à ſa gauche, & les deux Sergens à la droite du premier & du dernier rangs.

Lorſqu'une compagnie de Grenadiers fermera la gauche, les Sergens ſe mettront à la gauche du premier & du dernier rangs.

Le régiment étant ainſi diſpoſé, le Major fera les commandemens détaillés dans l'exercice, pour faire mettre la bayonnette au bout du fuſil, & préſenter les armes: en même temps tous les Officiers & Sergens étant à leur poſte, appuyés ſur leur eſponton & hallebarde, ôteront leur chapeau de la main gauche; les Enſeignes fileront devant le front du régiment, pour aller ſe placer au centre de leur bataillon, un pas en avant du premier rang; le piquet retournera à ſa place, paſſant derrière le bataillon; & les Tambours reſteront à la droite.

Dès que les Enſeignes & le Piquet auront pris leur place, le Major fera ceſſer de battre le drapeau, & fera faire un roulement pour annoncer les commandemens détaillés dans l'exercice, pour ôter la bayonnette, & mettre le fuſil ſur l'épaule.

Enſuite il fera rompre le régiment, par la droite ou par la gauche, ſelon le côté où il devra marcher.

Les Enſeignes marcheront entre les deux compagnies du centre de leur bataillon.

Le bataillon ou le régiment marchera au lieu de l'exercice, les rangs à un pas les uns des autres, & ne gardant de diſtance d'une diviſion à l'autre, que celle qui ſera néceſſaire pour ſe mettre en bataille.

Les Tambours (à l'exception de ceux des compagnies de Grenadiers & des Piquets, qui reſteront chacun à leur troupe) devant être partagés en deux, prendront leur place entre les deuxième & troiſième rangs des diviſions de la droite & de la gauche du régiment ou du bataillon; le Tambour-major à la tête de ceux de la droite.

Lorſque le régiment étant en marche, il aura à paſſer quelque défilé qui l'obligera de rompre ſes rangs, la droite du premier rang paſſera la première, la gauche enſuite, & ainſi des autres rangs; & le Commandant, de même que le Major, auront attention de faire reformer les rangs à la ſortie du défilé, ralentiſſant la marche, pour donner le temps à la queue de joindre.

Le régiment étant arrivé ſur le terrein où il devra faire l'exercice, le Major fera appeler, pour faire ſerrer les rangs; enſuite il fera battre aux champs, & fera marcher quelques pas, pour que les diviſions puiſſent prendre les diſtances néceſſaires pour ſe mettre en bataille.

Si on arrive ſur le terrein par la gauche, lorſqu'on battra le drapeau toutes les diviſions feront enſemble un quart de converſion à gauche pour former le bataillon, & prendront enſuite, en marchant en avant, les diſtances d'un rang à l'autre, qui doivent être la longueur de deux hallebardes.

Si le régiment arrive ſur le terrein par la droite, lorſque la compagnie des Grenadiers ou le Piquet de la droite y ſera arrivé, il fera un quart de converſion à droite, & les trois premiers rangs marcheront enſuite en avant pour prendre leurs diſtances: la première diviſion continuera à marcher juſqu'à la gauche des Grenadiers, ou du Piquet de la droite; fera enſuite un quart de converſion, & prendra ſes diſtances d'un rang à l'autre, comme il vient d'être dit; il en ſera de même ſucceſſivement des autres diviſions.

Le Tambour des Grenadiers ou du piquet de la droite, battra ſeul le drapeau quand les Grenadiers ou Soldats du piquet feront le quart de converſion; ceux de la droite le battront dans le moment que la première diviſion fera le même mouvement; & ceux de la gauche continueront de battre aux champs, juſqu'à ce que le piquet ou la compagnie de Grenadiers de la gauche, qui marchera derrière eux, ſe mette

en

en bataille: alors ils battront le drapeau, ainſi que le Tambour dudit piquet ou compagnie de Grenadiers; & tous enſemble continueront de battre, juſqu'à ce que le Major leur faſſe le ſignal de finir.

Quand le régiment ou bataillon ſera en bataille, tous les Tambours de la droite ſe placeront ſur deux rangs, à la droite du premier rang; & ceux de la gauche, de même à la gauche du premier rang.

Les bataillons d'un même régiment ne garderont point d'intervalle entr'eux, en ſe mettant en bataille pour faire l'exercice.

Quand le Major verra que tout le régiment ſera en bataille, & que les diſtances d'un rang à l'autre ſeront priſes, il fera ceſſer les tambours de battre, & fera le commandement pour faire ouvrir les files, à droite & à gauche; alors les Sergens du premier & du dernier rangs, ſe reculeront un pas en arrière, pour laiſſer au Soldat la liberté de prendre ſes diſtances de l'un à l'autre, à la longueur du bras, & de s'aligner d'eux-mêmes, ſe réglant ſur leur droite, & ſe plaçant ſur leur chef de file.

Les Capitaines s'aligneront auſſi ſur le Capitaine des Grenadiers de la droite, & les Lieutenans ſur le Lieutenant en ſecond de Grenadiers.

Cela fait, le Major dira: *Prenez garde à vous, Bataillon,* ou *Bataillons, on va faire l'exercice.*

Il fera donner en même temps un coup de baguette: alors tous les Officiers & Sergens ôteront leur chapeau de la main gauche; & les Officiers du front du bataillon, ainſi que le Lieutenant de Grenadiers, le Lieutenant de piquet, & les Sergens qui ſeront à la queue, feront demi-tour à droite.

Enſuite le Major fera appeler, & tous les Officiers & Sergens partiront du pied gauche; ſavoir, les Sergens du front, pour s'avancer cinquante pas en avant du bataillon, faiſant marcher devant eux tout ce qui pourroit en embarraſſer le front; les Officiers pour paſſer entre les files & aller ſe placer ſur une même ligne derrière le bataillon, les Capitaines à huit pas du dernier rang, les Lieutenans & Enſeignes à quatre pas, & les Sergens de la queue pour ſe placer pareillement douze pas en arrière du dernier rang du bataillon.

Les Sergens de Grenadiers & de piquet, qui fermeront la droite ou la gauche du régiment ou du bataillon, feront à droite & à gauche, quand les Officiers feront demi-tour à droite; & marcheront de même quand on appelera, pour ſe placer à douze pas des flancs du régiment ou bataillon.

Le Colonel, le Lieutenant-colonel, & les Commandans de bataillon, iront ſe placer en avant du centre, à la hauteur du Major; les Aide-majors ſur les flancs du régiment.

Alors, tous les Tambours viendront en appelant, le long du front du régiment juſqu'au centre, où s'étant réunis, ils feront un quart de converſion à droite & à gauche, & marcheront ſur un rang, droit au Major: quand ils y ſeront arrivés, ils ſe rompront à droite & à gauche par une demi-converſion, & ſe rangeront ſur un rang, derrière le Major qui les fera ceſſer de battre.

Les Officiers & Sergens qui auront marché pour prendre leur poſte, comme il a été dit ci-deſſus, reſteront arrêtés, le chapeau à la main, juſqu'à ce que le Major ait fait ceſſer de battre: dans ce moment ils feront un demi-tour à gauche, pour faire face au régiment, remettront leur chapeau, & reſteront appuyés ſur leur eſponton & hallebarde, ſans quitter leur place juſqu'à la fin de l'exercice, & dans un grand ſilence.

Le Major fera enſuite les commandemens ci-après:

1.

Préparez-vous à faire l'exercice.

Ce commandement étant fait pour avertir le Soldat qu'il va faire l'exercice, il aura attention à ſe poſter les deux talons ſur une même ligne, ſéparés l'un de l'autre d'environ un demi-pied; le fuſil ſur l'épaule gauche, la ſous-garde appuyée ſur le teton, la main gauche à quatre doigts du bout de de la crosse, le coude serré contre le corps, sans être gêné, & la main droite pendante sur le côté; la tête haute, & tournée sur la droite, pour partir en même temps que le Soldat de la file de la droite, qui devra regarder attentivement le Major, pour pouvoir exécuter le commandement au premier temps qui sera marqué par ledit Major, soit qu'on fasse l'exercice à la voix, au son du tambour, ou à la muette.

2.

Portez le fusil en avant.

En trois temps: Au premier, on portera la main droite sous la platine, en faisant glisser la crosse de quatre doigts, & la tournant avec la main gauche, de sorte que le fusil soit sur son plat, les coudes élevés à la hauteur du poignet.

Au second, en levant le fusil de la main droite, la platine en dehors; on portera en même temps la main gauche un demi-pied au dessus de la partie supérieure de la platine, le pouce le long du canon vis-à-vis le menton, les bras demi-tendus en avant, le fusil droit entre les deux yeux.

Au troisième, en laissant tomber le bras gauche tendu de toute sa longueur, la main à un demi-pied de la partie gauche de la cuisse gauche; on empoignera de la main droite le bout du canon, tenant le fusil de biais, le bout du pouce au bout de la monture, vis-à-vis & à la hauteur de l'épaule, le coude à demi-courbé, sans être levé.

3.

Prenez la bayonnette.

En un temps, tenant ferme le fusil avec la main gauche, on portera la main droite à la bayonnette, entre le corps & le fusil, & on la dégagera du fourreau.

4.

Haut la bayonnette.

En un temps. On la portera à la distance d'un

pouce du bout du fusil en dedans, & dans la même direction que le canon, la douille parallèle & à la même hauteur que le canon.

5.

Mettez-la au bout du canon.

En un temps, on l'emboîtera dans le canon.

6.

Portez vos armes sur l'épaule.

En quatre temps : Au premier, on passera la main droite sous la platine, portant le fusil entre les deux yeux, la platine en dehors, le pouce de la main gauche vis-à-vis le menton, ayant les bras demi-tendus.

Au second, on portera la main gauche sur la crosse, à quatre doigts du bout, tenant le fusil bien perpendiculairement droit entre la tête & l'épaule, le canon en dehors.

Au troisième, on laissera tomber le fusil sur l'épaule.

Au quatrième, on laissera tomber la main droite pendante sur le côté.

7.

A droite.

8.

A gauche.

9.

Demi-tour à droite.

10.

Demi-tour à gauche.

Ces quatre commandemens s'exécuteront chacun

en

en un temps, en tournant ſur le talon gauche, & portant le droit ſur la même ligne.

11.

Haut les armes.

En deux temps: Au premier, on portera la main droite au fuſil, comme au premier temps du ſecond commandement.

Au deuxième, on portera le fuſil de la main droite du côté droit, & on l'empoignera en même temps de la gauche, à un demi-pied au deſſus de l'extrémité ſupérieure de la platine, le pouce le long du canon à la hauteur de l'épaule, & le canon en dedans entre la tête & l'épaule droite, la platine au deſſus du ceinturon, ayant le pouce droit ſur le chien, & le premier doigt de la même main dans la ſous-garde derrière la gachette.

12.

Apprêtez vos armes.

En un temps. On armera le fuſil.

13.

En joue.

En un temps. On appuiera la croſſe à l'épaule droite, lâchant le pied droit en arrière ſur la même ligne que le gauche, le genou gauche un peu plié, le jarret droit tendu, la pointe du pied gauche vis-à-vis le bout du fuſil, les talons ſur la même ligne, le coude droit ſerré.

14.

Feu.

En un temps. On tirera la gachette ſans faire aucun mouvement.

15

Retirez vos armes.

En un temps : Laiſſant tomber le fuſil horizontalement au deſſous du ceinturon, la main gauche appuyée contre la hanche, & tournant les deux pieds égaux devant ſoi.

16.

Mettez le chien en ſon repos.

En un temps. On mettra le chien en ſon repos.

17.

Prenez la cartouche.

En un temps. Tenant ferme le fuſil avec la main gauche, on portera la droite bruſquement au porte-cartouche pour en tirer la cartouche.

18.

Déchirez-la avec les dents.

En deux temps : Au premier, on portera la cartouche à la bouche pour la déchirer.

Au ſecond, on la portera bruſquement près du baſſinet.

19.

Amorcez.

En un temps. Tenant la cartouche des deux premiers doigts, le pouce ſur l'ouverture, & le fuſil ferme de la main gauche dans la même poſition, on remplira le baſſinet de poudre.

20.

Fermez le baſſinet.

En un temps. On fermera le baſſinet, tenant

toûjours la cartouche des deux premiers doigts, & on reportera la main droite derrière le chien.

21.

Paſſez vos armes du côté de l'épée.

En deux temps : Au premier, on lèvera le fuſil de la main gauche, le pouſſant en même temps avec les deux derniers doigts de la droite, & on portera le pied droit à côté du gauche.

Au ſecond, en tournant ſur le talon gauche, on achevera le demi-tour à gauche, en portant le pied droit en avant, & on tournera le fuſil avec la main gauche, qui doit gliſſer à un demi-pied au deſſus de la partie ſupérieure de la platine, de façon que la croſſe ſoit au moins à quatre pouces de terre, le fuſil appuyé contre la partie ſupérieure de la cuiſſe gauche, & tenant le bout du canon avec les deux derniers doigts de la main droite, dont le coude doit être détaché du corps.

Le Soldat obſervera en cette ſituation, ainſi que dans tous les autres temps de l'exercice où il ſera tourné à gauche, d'avoir les yeux ſur celui de la file de la gauche, qui devra alors être attentif au commandement du Major.

22.

Mettez la cartouche dans le canon.

En un temps. On mettra la cartouche dans le canon, & on ſaiſira en même temps la baguette avec le pouce & les deux premiers doigts, la main en dedans, & le pouce en dehors.

23.

Tirez la baguette.

En un temps. On la tirera tout de ſuite, en la retournant bruſquement pour la porter ſur le ceinturon, & gliſſant la main droite à quatre doigts du gros bout, la tenant parallèle au canon.

24.

Bourrez.

En un temps. On portera la baguette brusquement de biais au bout du canon, dans lequel on la laissera tomber vivement, & on la retirera en même temps, pour la rapporter par le petit bout sur le ceinturon, dans la même position d'où elle sera partie.

25.

Remettez la baguette en son lieu.

En un temps. On la remettra en son lieu, & on empoignera tout de suite le bout du fusil.

26.

Haut les armes.

En deux temps : Au premier, on relevera le fusil de la main gauche, passant la main droite sous la platine.

Au deuxième, on fera à droite, & on portera en même temps le fusil à l'épaule droite.

27.

Présentez vos armes.

En un temps. On fera à droite, en plaçant le revers de la platine au dessous du ceinturon, le bout du fusil à la hauteur de l'œil, le chien étant tourné un peu en dehors.

28.

Portez vos armes sur le bras gauche.

En deux temps : Au premier, on fera à gauche pour faire face en tête, & on placera le fusil entre le corps & l'épaule gauche, la platine en dehors, le bras embrassant le fusil, & la main saisissant le chien & le bassinet qu'il faudra contenir avec le

pouce,

pouce, à la hauteur de la poche, la main droite au dessous de la gachette.

Au deuxième: On rabattra la main droite pendante sur le côté.

29.

Portez vos armes en avant.

En trois temps: Au premier on portera la main droite au dessous de la platine, en éloignant la crosse à un demi-pied de la cuisse gauche, sans déplacer la main gauche.

Aux deuxième & troisième temps, on exécutera ce qui est prescrit aux deuxième & troisième temps du deuxième commandement.

30.

Reprenez la bayonnette.

En un temps. On la dégagera du canon, & on la tiendra empoignée comme il est dit au quatrième commandement.

31.

Mettez-la en son lieu.

En deux temps: Au premier, on la remettra dans le fourreau.

Au deuxième, on reportera la main droite au bout du canon, à la hauteur prescrite.

32.

Reposez-vous sur le fusil.

En deux temps: Au premier, on relevera le bout du fusil de la main droite, en le poussant de la main gauche au côté droit, de manière qu'il soit perpendiculaire, la crosse à un demi-pied de terre, vis-à-vis la pointe du pied droit.

Au deuxième, on laissera tomber la crosse du fusil à terre, en tournant la sous-garde en dehors, un demi-pied à côté de la pointe du pied droit.

33.

Posez le fusil à terre.

En quatre temps : Au premier on tournera sur les deux talons à droite, & on tournera en même temps le fusil, de façon que le canon soit vers le corps.

Au deuxième, laissant couler la main un demi-pied au dessous de l'anneau de la grenadière, on fera un grand pas en avant du pied gauche, & l'on couchera le fusil par terre, la platine en dessus, la main gauche sur la cuisse.

Au troisième, on se relevera, en retirant le pied gauche, & tenant les deux bras pendans.

Au quatrième, on se remettra, tournant sur les deux talons à gauche.

34.

Reprenez le fusil.

En quatre temps : Au premier, on tournera sur les deux talons à droite.

Au deuxième, on fera un grand pas du pied gauche, & on reprendra le fusil avec la main droite, à la même hauteur qu'on le tenoit auparavant.

Au troisième, on se relevera, & on retirera le pied gauche.

Au quatrième, on tournera sur les deux talons à gauche, & on remettra le fusil dans la même place qui est marquée pour se reposer sur le fusil.

35.

Haut le fusil.

En deux temps : Le premier se fera en élevant le fusil de la main droite, d'un pied de terre, & le rapprochant de la cuisse droite, & en joignant tout de suite la main gauche à un demi-pied de l'extrémité supérieure de la platine.

Le

Le deuxième, en passant la main droite, le pouce sur le chien, & empoignant le fusil avec les quatre autres doigts, à la hauteur de la gachette.

36.

Portez le fusil sur l'épaule.

En quatre temps : Au premier, on portera le fusil droit perpendiculairement entre les deux yeux, la platine en dehors, & le pouce de la main gauche à la hauteur du menton.

Les deuxième, troisième & quatrième temps, comme il est marqué au sixième commandement.

37.

Passez la platine sous le bras gauche.

En quatre temps : Au premier, on portera la main droite sous la platine, comme au premier temps du deuxième commandement.

Au deuxième, on portera le fusil entre les deux yeux, le canon en dehors, l'empoignant de la main gauche, à un demi-pied de la partie supérieure de la platine, à la hauteur du menton, les bras demi-tendus.

Au troisième, on passera la platine sous le bras gauche, la main droite accompagnant le fusil jusque sous le bras.

Au quatrième, on laissera tomber la main droite pendante.

38.

Portez le fusil sur l'épaule.

En trois temps : Au premier, on reportera le fusil en avant de la main gauche, en le relevant, & le saisissant en même temps de la main droite au dessous de la platine, le pouce le long du revers de ladite platine, le canon en dehors, les bras tendus, la main gauche à la hauteur de la bouche.

Au deuxième, portant le fusil de la main droite

ſur l'épaule, on paſſera la main gauche à quatre doigts du bout de la croſſe.

Au troiſième, on laiſſera tomber la main droite pendante.

39.

Renverſez le fuſil.

En cinq temps : Au premier, comme au premier temps du deuxième commandement.

Au deuxième, on portera le fuſil devant ſoi, de la main droite, renverſant la main gauche, qui ſaiſira le canon un demi-pied au deſſus de la partie ſupérieure de la platine, à la hauteur de la bouche.

Au troiſième, en renverſant le fuſil de la main gauche, le canon en dehors, & la croſſe haute entre les deux yeux, on l'empoignera de la main droite, entre le chien & la croſſe.

Au quatrième, on paſſera le fuſil renverſé ſous le bras gauche, gliſſant la main gauche le long du canon, de façon que la croſſe ſoit appuyée à l'épaule.

Au cinquième, on détachera la main droite du fuſil, la laiſſant tomber pendante.

40.

Portez le fuſil ſur l'épaule.

En quatre temps : Au premier, on reportera le fuſil en avant de la main gauche, & l'on joindra tout de ſuite la main droite à la même place qu'au troiſième temps du commandement précédent.

Au deuxième, on le retournera, ſans quitter la main gauche, le canon en dehors, joignant la main droite au deſſous du chien.

Au troiſième, on le remettra ſur l'épaule, comme ci-deſſus.

Au quatrième, on laiſſera tomber la main droite.

41.

Portez la croſſe haute.

En cinq temps : Le premier & le deuxième, comme

comme au trente-neuvième commandement.

Au troisième, on renversera le fusil, la platine en dehors, & placera la main droite à l'anneau de la grenadière.

Au quatrième, on portera le fusil de la main droite sur l'épaule, repassant la main gauche à un pied du bout du canon, les coudes égaux.

Au cinquième, on rabattra le coude gauche, & en même temps la main droite pendante.

42.

Portez le fusil sur l'épaule.

En six temps : Au premier, on joindra la main droite au milieu du canon, les deux coudes hauts.

Au deuxième, on portera le fusil en avant, la crosse haute, & les bras tendus, & on portera en même temps la main gauche renversée, à un doigt du bout de la platine.

Au troisième, on fera faire le moulinet au fusil par la gauche, & la main droite se placera promptement au dessous du chien, les bras bien tendus.

Au quatrième, on retournera le fusil de la main droite, le canon en dehors, & la main gauche se placera sur la crosse, comme au deuxième temps du sixième commandement.

Au cinquième, on laissera tomber le fusil sur l'épaule.

Au sixième, on laissera tomber la main droite pendante.

Quand l'exercice à rangs & files ouverts sera fini, le Major fera faire un roulement, & avertira le bataillon ou le régiment, qu'on va faire l'exercice à rangs & files serrés ; ensuite il fera les commandemens suivans.

43.

Portez le fusil.

En trois temps : Au premier on portera la main

droite au deſſous de la platine du fuſil, en faiſant gliſſer la croſſe de quatre doigts, & la tournant avec la main gauche, de ſorte que le fuſil ſoit ſur ſon plat, les coudes élevés à la hauteur du poignet.

Au deuxième, on lèvera le fuſil de la main droite perpendiculairement, le canon en dehors, couchant la main gauche ſous le talon de la croſſe, le pouce au deſſus de la vis, la croſſe appuyée à la hanche, le coude droit touchant le corps.

Au troiſième, on laiſſera tomber le fuſil contre l'épaule gauche, le canon toûjours en dehors, en alongeant le bras gauche dans toute ſa longueur, & laiſſant aller la main droite pendante.

44.

A droite & à gauche, ſerrez les files.

A ce commandement, la file du centre ne bougera, celles de la droite feront à gauche, & celles de la gauche feront à droite, & elles marcheront ſur la file du centre, juſqu'à ce que toutes les files ſe ſoient jointes, de manière cependant qu'il reſte au ſoldat la liberté des coudes pour manœuvrer.

Enſuite le Major fera remettre les files par un à droite & un à gauche.

45.

Serrez les rangs à la pointe de l'épée.

Le Major avertira qu'il ne parle qu'aux trois derniers rangs; & les ſoldats de ces rangs marcheront quand il dira Marche, juſqu'à ce que les quatre rangs ſe ſoient joints à la pointe de l'épée; obſervant qu'il y ait toûjours un pied au moins de diſtance d'un rang à l'autre.

46.

Mettez la bayonnette au bout du canon.

En ſix temps: Au premier, on portera la main droite au deſſous du chien, ſans remuer le fuſil.

Au deuxième, en hauſſant le fuſil en avant de la main

main droite, la platine en dehors, on portera la main gauche un demi-pied au dessus de la partie supérieure de la platine, le pouce le long du canon, à la hauteur & vis-à-vis le menton, les bras demi-tendus.

Au troisième, en laissant tomber la main gauche, elle soûtiendra le fusil de biais, & on l'empoignera de la main droite à quatre doigts du bout du canon.

Au quatrième, on portera la main droite à la bayonnette, & la dégagera du fourreau.

Au cinquième, on la portera à un pouce du bout du fusil.

Au sixième, on l'emboîtera dans le canon.

47.

Portez vos armes.

En trois temps : Au premier, on passera la main droite sous la platine, portant le fusil entre les deux yeux, la platine en dehors, le pouce de la main gauche vis-à-vis le menton, ayant les bras demi-tendus.

Au deuxième, on portera la main gauche sous le talon de la crosse, tournant en même temps le canon du fusil en dehors, de façon que le fusil se trouve perpendiculairement droit entre la tête & l'épaule.

Au troisième, on laissera tomber le fusil contre l'épaule gauche, comme il est dit ci-dessus.

48.

A droite.

49.

A gauche.

50.

Demi-tour à droite.

51.

Demi-tour à gauche.

Ces quatre commandemens s'exécuteront chacun en un temps, en tournant ſur le talon gauche, & portant le droit ſur la même ligne.

52.

Haut les armes.

En deux temps : Au premier, on portera la main droite ſous la platine, ſans remuer les armes.

Au deuxième, on les portera de la main droite du côté droit, & on les empoignera en même temps de la gauche, à un demi-pied au deſſus de la platine, entre la tête & l'épaule droite, la platine au deſſus du ceinturon, ayant le pouce ſur le le chien & le premier doigt dans la ſous-garde derrière la gachette.

53.

Genou en terre.

A ce commandement, les ſoldats des quatre rangs armeront leur fuſil, ceux des deux premiers rangs mettront en même temps le genou droit en terre, effaçant un peu l'épaule droite, & poſant la croſſe à terre contre le genou droit; ceux du troiſième rang paſſeront le pied gauche entre les jambes de ceux du ſecond rang, de façon qu'il touche le pied droit du ſoldat du premier rang, qui ſera vis-à-vis; & le ſoldat du quatrième rang, paſſera le pied gauche entre la jambe droite du ſoldat du troiſième rang, & le pied droit de celui du deuxième rang, de façon que la boucle de leurs ſouliers ſoit à la même hauteur.

54.

En joue.

En un temps. On appuiera la croſſe à l'épaule droite, en tenant le coude droit ſerré.

55.

Feu.

En un temps : On tirera la gachette ſans faire nul mouvement.

56.

Chargez vos armes.

En quatorze temps : Au premier, les deux premiers rangs ſe releveront, retirant leurs armes horizontalement, ainſi que les deux autres rangs; les files reſtant tournées à droite.

Au deuxième, on mettra le chien en ſon repos.

Au troiſième, on portera la main droite au porte-cartouche, pour en tirer la cartouche.

Au quatrième, on portera la cartouche à la bouche, pour la déchirer.

Au cinquième, on la portera bruſquement près du baſſinet.

Au ſixième, on remplira le baſſinet de poudre avec la cartouche.

Au ſeptième, on fermera le baſſinet.

Au huitième, on paſſera le fuſil du côté de l'épée.

Au neuvième, on mettra la cartouche dans le canon, & on ſaiſira en même temps la baguette.

Au dixième, on tirera la baguette tout de ſuite, en la retournant bruſquement, pour la porter ſur le ceinturon, & gliſſant la main droite à quatre doigts du gros bout, la tenant parallèle au canon.

Au onzième, on portera la baguette bruſquement de biais au bout du canon, dans lequel on la laiſſera tomber vivement, & on la retirera en même temps, pour la rapporter par le petit bout ſur le ceinturon, dans la même poſition dont elle ſera partie.

Au douzième, on la remettra en ſon lieu, & on empoignera le bout du fuſil.

Au treizième, on relevera le fuſil de la main

gauche, paſſant la main droite ſous la platine.

Au quatorzième, on fera à droite, & on portera le fuſil à l'épaule droite, pour faire haut les armes.

57.

Préſentez les armes.

En un temps. On fera à droite, en plaçant le revers de la platine au deſſous du ceinturon, le bout du fuſil à la hauteur de l'œil.

58.

Portez vos armes ſur le bras gauche.

Ce mouvement s'exécutera en deux temps, comme au vingt-huitième commandement.

59.

Remettez la bayonnette en ſon lieu.

En ſix temps. Aux trois premiers, on portera les armes en avant, comme il eſt dit au vingt-neuvième commandement.

Aux trois derniers, on remettra la bayonnette en ſon lieu, comme aux trentième & trente-unième commandemens.

60.

Repoſez-vous ſur le fuſil.

En deux temps : Comme au trente-deuxième commandement, en obſervant de poſer le fuſil à la pointe du pied droit.

61.

Portez le fuſil.

En trois temps: Au premier, on gliſſera la main gauche, un pied au deſſous de l'anneau de la grenadière.

Au deuxième, en élevant le fuſil de la main droite,

droite, & le faiſant paſſer devant ſoi du côté gauche, on joindra la main gauche ſous le talon de la croſſe.

Au troiſième, on laiſſera tomber le fuſil contre l'épaule gauche, & la main droite pendante ſur le côté.

Cet exercice étant fini, le Major fera faire un roulement, & avertira que c'eſt pour reprendre les places que l'on occupoit avant de le commencer.

Il avertira enſuite qu'il ne parle qu'aux trois derniers rangs, & leur fera faire un demi-tour à droite; & quand il leur fera le commandement de marcher, ils marcheront en s'alignant pour reprendre le même terrein qu'ils occupoient avant que l'on eût ſerré les rangs, & ils feront demi-tour à gauche, au commandement du Major.

Le Major fera enſuite les commandemens pour deſſerrer les files, & porter le fuſil ſur l'épaule.

Quand les rangs & les files feront deſſerrés, le Major fera appeler; & auſſi-tôt les Officiers & Sergens viendront reprendre chacun la place qu'ils avoient avant que l'on fiſt l'exercice, marchant à même hauteur juſqu'au front du bataillon, & tenant le chapeau bas juſqu'à ce qu'on ait fini d'appeler.

Les Tambours retourneront pareillement au centre du régiment, où ils ſe partageront pour retourner à la droite & à la gauche du régiment, appelant toûjours juſqu'à ce qu'ils aient repris leur place, & que le Major leur ait fait le ſignal pour ceſſer.

Lorſque le Colonel, ou autre Commandant du régiment ou bataillon, jugera à propos de le renvoyer, le Major le fera rompre par un quart de converſion, & retourner au quartier dans le même ordre qu'il en fera venu, ſans qu'aucun Officier puiſſe quitter ſa troupe, avant que les appels ſoient faits, & que les Soldats ſoient renvoyés; & le piquet reconduira les drapeaux au logis du Commandant du régiment, dans le même ordre qu'il les aura amenés.

MANDE & ordonne Sa Majesté aux Généraux de ses armées, aux Inspecteurs généraux de son Infanterie, aux Colonels, Lieutenans-colonels, & Commandans de bataillon de ses régimens d'Infanterie, tant François qu'Etrangers, & aux Capitaines qui les commanderont en leur absence, de tenir la main, chacun en ce qui les concerne, à ce que les Officiers & Soldats étant à leurs ordres, se conforment avec la plus grande exactitude à tout ce qui est prescrit par la présente Ordonnance, & de ne permettre ni souffrir qu'il y soit rien changé, augmenté ou retranché, en quelque manière, & sous tel prétexte que ce soit : Faisant Sa Majesté très-expresses inhibitions & défenses aux Majors des Régimens, ou autres Officiers qui seront chargés du commandement de l'exercice, de faire exécuter aucuns temps ni mouvemens, autres que ceux qui sont ci-dessus prescrits, à peine de désobéissance, dérogeant Sa Majesté à toutes ordonnances à ce contraires. FAIT à Versailles le sept mai mil sept cens cinquante. *Signé* LOUIS. *Et plus bas,* M. P. DE VOYER D'ARGENSON.

www.ingramcontent.com/pod-product-compliance
Ingram Content Group UK Ltd.
Pitfield, Milton Keynes, MK11 3LW, UK
UKHW021038260726
13994UKWH00005B/2237